RÉPUBLIQUE FRANÇAISE

MINISTÈRE DE LA GUERRE

CAHIER DES CHARGES COMMUNES

DU 22 AVRIL 1914

POUR LA

FOURNITURE DES FOURRAGES

DANS LES BRIGADES DE GENDARMERIE

stationnées dans les localités autres que les places de garnison

PARIS

CHARLES-LAVAUZELLE & Cie

Éditeurs militaires

124, Boulevard Saint-Germain, 124

(MÊME MAISON A LIMOGES)

**Direction de l'Intendance militaire ; Bureau des Fourrages,
du Chauffage et de l'Éclairage.**

*Cahier des charges communes pour la fourniture des fourrages
dans les brigades de gendarmerie stationnées dans les localités autres que les places de garnison (1).*

Document abrogé : *Cahier des charges du 14 avril 1909.*

Paris, le 22 avril 1914.

Conditions régissant l'entreprise.

Art. 1er. La fourniture est exécutée dans les conditions spéci-
fiées par les documents énumérés ci-après :

1° Le cahier des clauses et conditions générales du 16 février
1903 imposées aux titulaires des marchés du Département de la
guerre autres que ceux relatifs aux constructions militaires;

2° L'instruction sur la passation des marchés, du 6 juillet 1909;

3° Le présent cahier des charges communes.

Objet de la fourniture.

Art. 2. Le service consiste :

1° A fournir, pendant la période indiquée au marché, au fur
et à mesure des besoins, par espèce de denrée ou pour l'ensemble des denrées, les fourrages nécessaires à l'alimentation des
chevaux de la brigade de gendarmerie indiquée au marché, dans
la limite, quant à l'effectif, des prescriptions de l'article 12 ci-
après;

---

(1) On a indiqué par un astérisque en marge les principaux points où
le présent document contient des dispositions différentes de celles du document similaire antérieur. Il est bien entendu toutefois que les entrepreneurs ne pourront jamais se prévaloir de ces indications.

Cet astérisque (*) se trouve soit en face du titre de l'article, lorsque
celui-ci est complètement remanié, soit en face de la modification, si elle
n'affecte qu'un passage, soit à la fin du paragraphe précédent, s'il s'agit
d'une suppression.

Fourniture fourrages.   1

2° A former et à entretenir l'approvisionnement spécifié à l'article 5.

Conditions spéciales.

Art. 3. Le conseil d'administration se réserve le droit, pendant toute la durée du marché :

1° De modifier la composition de la ration des fourrages telle qu'elle est déterminée par les tarifs en vigueur au jour du marché jusqu'à concurrence du tiers en plus ou en moins de la valeur de cette ration;

2° D'ordonner la distribution d'allocations supplémentaires;

3° De prescrire les substitutions que rendent nécessaires la pénurie des denrées, la santé des chevaux ou toute autre circonstance, dans les proportions indiquées à l'annexe n° 3 du présent cahier des charges.

Toutefois, lorsque la fourniture est effectuée par espèce de denrée, l'entrepreneur n'a pas à assurer le service des substitutions.

Importance de la fourniture.

Art. 4. Le cahier des charges spéciales fait connaître les nombres minima de quintaux métriques que les fournitures totales de chacune des denrées fourragères comporteront pour la durée du marché (denrées de distribution ordinaire et denrées de substitution, le cas échéant).

Cette limite inférieure est déterminée :

1° En ce qui concerne les denrées de distribution ordinaire en diminuant d'un tiers les consommations arrondies en quintaux, de l'effectif normal des chevaux de la brigade;

2° En ce qui concerne les denrées de substitution, en prenant la moitié des quantités approximatives consommées dans l'année par l'effectif normal des chevaux de la brigade.

Si la limite inférieure totale indiquée pour chaque denrée n'est pas atteinte, il est alloué à l'entrepreneur une indemnité égale au dixième de la valeur de la fourniture qui serait à effectuer pour atteindre ce minimum.

L'entrepreneur ne peut prétendre à une indemnité en cas d'accroissement de l'effectif des chevaux de la brigade en cours de son marché; cet accroissement ne peut toutefois excéder trois chevaux, au delà de cette limite, le conseil d'administration de la légion reste libre d'assurer le service comme il l'entend.

Approvisionnement.

Art. 5. A son entrée en service, l'entrepreneur est tenu de prendre en charge, en ce qui concerne la ou les denrées prévues à son marché, l'approvisionnement laissé par l'entrepreneur sortant dans les conditions indiquées à l'annexe n° 1, en ce qui concerne la nature, la qualité et le mode de livraison des denrées.

L'importance de cet approvisionnement est fixée à trente jours pour le foin, la paille et l'avoine et calculée sur le complet des chevaux et sur le taux réglementaire de la ration.

En fin de marché, cet approvisionnement est remis par les entrepreneurs sortants aux entrepreneurs entrants.

La valeur de l'approvisionnement remis aux entrepreneurs entrants est retenue sur les premières factures et leur est payée à leur sortie sur une facture spéciale aux prix de leur marché.

Livraisons.

Art. 6. L'entrepreneur est informé, en temps utile, par le commandant de chaque brigade, du nombre de rations à fournir. Il donne récépissé des notifications qui lui sont faites à ce sujet et informe en même temps le chef de la brigade du jour et de l'heure où les denrées seront livrées. L'entrepreneur ou son représentant, muni d'un pouvoir régulier, doit être présent à la livraison des fourrages.

Les livraisons sont toujours faites au pied du magasin de chaque brigade, une ou deux fois au plus par mois. Si la capacité des locaux le permet, l'entrepreneur peut être autorisé à faire des livraisons pour une période plus longue et même pour un trimestre au maximum, mais seulement dans la limite des besoins, pendant la période d'exécution du marché.

De toute façon, les existants, aux époques des livraisons périodiques et lors de la remise du service, doivent au moins représenter les quantités fixées, pour l'approvisionnement, par l'article 5.

Les denrées fourragères peuvent être livrées non rationnées, c'est-à-dire en bottes ou en sacs du poids admis par les usages locaux ou d'un poids uniforme quelconque sans qu'il soit nécessaire de les manutentionner à un poids correspondant à la ration journalière; en aucun cas les fourrages ne peuvent être livrés en vrac.

Les trois denrées peuvent ne pas être livrées simultanément;

mais la fourniture doit toujours être complétée dans un délai de trois jours. La vérification du poids s'opère au moyen de balances à plateaux et à bras égaux et de poids satisfaisant aux prescriptions légales. L'emploi des balances-bascules, romaines-bascules avec ou sans poids additionnels peut être autorisé.

Denrées présentées en livraison.

Art. 7. Les denrées présentées en livraison sont soumises à une visite ou reconnaissance préalable de la partie prenante, conformément aux dispositions du décret sur le service intérieur de la gendarmerie.

Elles doivent remplir les conditions exigées à l'annexe n° 1.

En cas de contestation sur la qualité des denrées présentées en livraison ou de celles formant l'approvisionnement, le maire, suppléant du sous-intendant militaire, fait placer immédiatement sous scellés, en présence de l'entrepreneur ou de son représentant, les denrées en litige et en prélève deux échantillons dont l'un est expédié immédiatement par ses soins au fonctionnaire de l'intendance chargé du service des subsistances au chef-lieu du département.

L'instruction qui figure comme annexe n° 4 au présent cahier des charges donne les renseignements nécessaires au sujet du prélèvement des échantillons, lesquels doivent être des poids ci-après :

Avoine, orge, farine d'orge, son amélioré : 3 kilos net environ, dans un sachet de forte toile, de façon à former un colis postal de 3 kilos;

Foin et paille ordinaires : 4 kilos environ dans un sac de forte toile ou dans une caissette de façon à former un colis postal de 5 kilos;

Fourrages pressés : selon les motifs du prélèvement, une balle entière, expédiée en vrac, ou des fractions de balles réunies dans un sac de forte toile, ou dans une caissette comme du foin ou de la paille ordinaires.

Ce fonctionnaire soumet l'échantillon à l'examen d'une commission d'appel composée et opérant comme il est indiqué à l'instruction du 6 juillet 1909 (titre X, commissions d'appel).

Les décisions de la commission d'appel sont exécutoires s'il n'a pas été formulé, par les parties intéressées, de recours au Ministre dans un délai de quarante-huit heures à partir du moment où ces décisions leur ont été notifiées.

Si, dans un délai de dix jours à compter de celui où les échantillons ont été prélevés, la commission d'appel n'a pu être réunie par suite de circonstances indépendantes du fait de l'administration, et notamment par le fait de l'entrepreneur ou de l'idoine désigné par lui, il est statué par le Ministre. Dans ce but, l'échantillon qui était destiné à l'examen de la commission est expédié au chef de la section technique de l'intendance.

En cas de recours contre les conclusions de la commission d'appel, c'est le second échantillon qui est envoyé au chef de la section technique de l'intendance dans les formes et conditions indiquées par l'instruction précitée (annexe n° 4).

Les denrées refusées sont remplacées immédiatement par l'entrepreneur, et, à son défaut, le remplacement en est fait à ses risques et périls à la diligence du conseil d'administration de la légion de gendarmerie.

L'entrepreneur est tenu d'enlever du magasin de la brigade la denrée refusée, dans les quatre jours qui suivent la notification de la décision de la commission, ou de celle du Ministre, lorsqu'il y a eu recours.

En attendant la décision de la commission et si la situation des approvisionnements de la brigade l'exige, le service est assuré par l'entrepreneur ou, à son défaut et à ses risques et périls, à la diligence du conseil d'administration de la légion.

En cas d'urgence, et s'il y a impossibilité de remplacer immédiatement les denrées, le commandant de la brigade peut ordonner qu'il soit donné suite à la distribution.

Entretien de l'approvisionnement.

Art. 8. L'entrepreneur entretient constamment dans la brigade un approvisionnement constitué comme il est dit à l'article 5.

Le renouvellement de l'approvisionnement est assuré en temps opportun par les soins de l'entrepreneur, de manière que les denrées soient toujours en bon état de conservation.

L'approvisionnement est soumis à la visite des officiers de gendarmerie, conformément aux dispositions du décret sur le service intérieur de la gendarmerie.

Pénalités à infliger à l'entrepreneur.

Art. 9. Lorsque l'entrepreneur n'est pas en mesure de livrer, à la date fixée, les quantités de denrées qui ont été demandées, ou celles qu'il doit fournir en remplacement de celles rejetées définitivement, soit de ses livraisons, soit de l'approvisionnement par suite d'un manque d'entretien, le conseil d'administration de la légion de gendarmerie est libre de faire pourvoir à la fourniture desdites quantités, de la manière qu'il juge convenable, et aux risques et périls de l'entrepreneur en défaut.

Indépendamment de l'excédent éventuel de dépenses résultant de l'achat fait par défaut, l'entrepreneur subit alors, sur ses factures, une imputation égale à 5 p. 100 de la valeur des fournitures non assurées en temps utile.

En cas de récidive, le taux de l'imputation est élevé à 6 p. 100, pour la première récidive, à 8 p. 100 pour la seconde et à 10 p. 100 pour la troisième.

A la suite de la quatrième récidive, le marché est résilié.

Lorsque les denrées, quoique non nuisibles, ont été refusées pour défaut de qualité et que, faute de ressources locales, la partie prenante est néanmoins obligée de les accepter, l'entrepreneur est tenu de verser, à titre de compensation, à la masse des fourrages de la légion, par retenue sur sa facture, une somme représentant 10 p. 100 de la valeur des quantités reçues dans ces conditions.

Les imputations fixées par le présent article sont calculées en prenant pour base les prix du marché et portées au débit de la première facture à établir après la notification à l'entrepreneur de la pénalité encourue.

Cautionnement.

Art. 10. L'entrepreneur est dispensé de fournir un cautionnement. Les fournitures à effectuer faisant l'objet de marchés distincts par brigade, il n'y a pas lieu de se préoccuper du montant total des fournitures adjugées à un même soumissionnaire.

Charges accessoires de l'entreprise.

Art. 11. Outre ceux mentionnés aux articles 9, 46 et 49 du cahier des clauses et conditions générales du 16 février 1903, sont à la charge de l'entrepreneur tous frais quelconques nécessités par l'exécution matérielle du service.

Cessation du service.

Art. 12. En cas de suppression de la brigade, il est fait application des dispositions de l'article 4, alinéa 5; en outre, l'approvisionnement entretenu (art. 5), est remis à l'entrepreneur et il lui est payé une indemnité égale à 10 p. 100 de la valeur de cet approvisionnement d'après les prix du marché.

Une indemnité égale à 10 p. 100 des prix du marché est également allouée à l'entrepreneur pour les denrées distribuées et réintégrées dans ses magasins, par suite de la mobilisation de la brigade qui les avait perçues, quand ces denrées ne pourront être distribuées de nouveau dans la place, faute de parties prenantes.

Payement des fournitures.

Art. 13. Le payement des fournitures a lieu mensuellement, sur la production d'une facture comprenant les quantités livrées pendant le mois.

Si le même entrepreneur est adjudicataire pour la fourniture de plusieurs brigades, il pourra n'établir qu'une seule facture mensuelle comprenant toutes ses fournitures, pourvu qu'elle présente distinctement les livraisons faites à chaque brigade.

Lorsque, par application des dispositions de l'article 6, l'entrepreneur a été autorisé à livrer des quantités excédant les consommations d'un mois, il peut, sur sa demande, en être payé en une seule fois, dès que les denrées ont été admises en livraison.

Le payement est fait par le trésorier de la légion de gendarmerie. Le montant des factures peut, soit être remis aux entrepreneurs par l'intermédiaire des commandants de brigade, soit leur être payé par mandat-poste sur demande expresse des intéressés et à leurs frais.

Toute facture ou pièce de dépense non produite dans le délai de trente jours, à compter de l'expiration du trimestre pendant lequel la dépense a été faite, donnera lieu, sans mise en demeure préalable, à l'imputation d'une somme de 50 centimes par 1.000 francs et par jour de retard.

L'administration de la guerre se réserve, d'ailleurs, le droit d'établir, d'office et aux frais de l'entrepreneur, le décompte de la créance, passé le délai susvisé.

Décompte de la valeur des denrées de consommation.

Art. 14. Les fournitures sont décomptées aux prix indiqués au marché pour les denrées de distribution ordinaire et pour les denrées de substitution.

Décompte de la valeur des denrées formant l'approvisionnement.

Art. 15. Le prix applicable aux denrées reprises par l'entrepreneur à son entrée en service, et de celles qu'il laisse en magasin en fin de marché, est, par quintal métrique, le prix stipulé à son marché.

Remise du service.

Art. 16. L'entrepreneur laisse en magasin, à l'expiration de son marché, l'approvisionnement prévu à l'article 5.

Cas de mobilisation.

Art. 17. Le marché est résilié de plein droit en cas de mobilisation totale ou partielle affectant le corps d'armée. Toutefois, l'entrepreneur est tenu d'assurer le service dans les conditions du temps de paix jusqu'à épuisement de l'une des denrées des approvisionnements dont l'importance a été fixée au marché.

Interdiction du marchandage.

Art. 18. L'embauchage d'ouvriers par les sous-entrepreneurs ou tâcherons pratiquant l'opération du marchandage visée par le décret-loi du 2 mars 1848 est interdit.

* Art. 19. (Abrogé par la circulaire du 16 août 1921, n° 7941 2/5.)

Annexes obligatoires comme le cahier des charges.

Art. 20. Les annexes du présent cahier des charges en font partie intégrante et sont strictement obligatoires pour les parties.

Paris, le 22 avril 1914.

Le Sous-Secrétaire d'État au ministère de la guerre,
MAGINOT.

ANNEXES

ANNEXE N° 1.

Nature et qualité des denrées à fournir.

1° *Dispositions générales.*

Les denrées dont se compose la ration ordinaire de fourrages sont :

Le foin (la luzerne et le sainfoin peuvent être admis en remplacement de foin pour la moitié de la ration normale);

La paille de froment;

L'avoine.

Les denrées de substitution sont celles énumérées à l'annexe n° 3.

Toutes les denrées doivent être de provenance de France, des colonies ou pays de protectorat, sauf décision du contraire approuvée par le Ministre.

Les denrées doivent entrer en magasin telles qu'elles ont été récoltées.

La seule préparation à donner par l'entrepreneur aux denrées à mettre en distribution est celle qui est indispensable pour l'extraction de la poussière et des herbes, plantes, graines non nutritives ou malfaisantes.

Pour le rationnement des fourrages artificiels, l'entrepreneur adopte le mode le plus convenable pour que les feuilles et fleurs du sainfoin et de la luzerne ne se séparent pas des tiges ou ne soient pas perdues. Il se conforme, à ce sujet, aux ordres qui lui sont donnés par le conseil d'administration.

Les conditions auxquelles doivent satisfaire les denrées à fournir par l'entrepreneur sont les suivantes :

2° *Foin, fourrages artificiels.*

Le foin et les fourrages artificiels doivent être toujours de bonne qualité, suffisamment ressués (1), en parfait état de conservation, exempts d'humidité et d'altération quelconque, et propres à donner aux chevaux une nourriture saine et substantielle. Il pourra toujours être exigé du foin remplissant ces conditions; les entrepreneurs ayant la faculté d'en faire venir en balles pressées ne pourront invoquer, pour fournir du foin de qualité inférieure, les accidents atmosphériques qui auraient plus ou moins altéré la récolte locale.

Tout mélange intentionnel, soit de qualités, soit de provenances différentes, est défendu formellement, pour le foin de prés comme pour les fourrages artificiels. En un mot, la denrée est livrée telle qu'on l'a récoltée; mais, dans cet état, elle doit être dégagée de poussière, de graines de foin, d'herbes non nutritives (laiches, roseaux, joncs, etc.), autant que peuvent l'être les produits des prairies bien cultivées et bien entretenues du rayon d'approvisionnement.

Les bottes de foin au-dessous de 6 kilos ne peuvent avoir plus de deux liens et celles de 6 kilos et au-dessus plus de trois.

Si les liens sont de même nature et de même qualité que la denrée distribuée, ils entrent dans le poids de la ration. Si les liens sont en paille de froment ou de seigle, le poids de chacun, qui ne doit pas excéder 125 grammes, entre pour la moitié de son poids dans la ration.

Les liens de denrées, impropres au service, sont défalqués en totalité.

La luzerne (1re et 2e coupes) peut être substituée. poids pour poids, à la moitié de la ration de foin, sauf pendant les mois de mai, juin et juillet. Toutefois, dans certaines circonstances, dont resteront juges les parties prenantes, la substitution pourra porter sur la totalité de la ration.

Le sainfoin (1re coupe) peut être substitué, poids pour poids, au tiers de la ration de foin, sauf pendant les mois d'avril, mai. juin, juillet et août. En raison de la facilité avec laquelle cette denrée perd ses feuilles et ses sommités fleuries, lors des manipulations qu'elle subit, il convient de se montrer très réservé au sujet de son emploi, lorsqu'elle ne peut être consommée sur place.

---

(1) Le foin nouveau ne pourra être mis en distribution que quatre semaines au moins après la récolte et au plus tôt le 1er août.

3° *Paille de froment.*

La paille doit être, autant que possible, garnie de ses épis, en parfait état de conservation, exempte d'humidité et d'altération quelconque, propre à donner aux chevaux une bonne nourriture, ou à faire, comme litière, un service de tous points satisfaisant.

Il pourra toujours être exigé de la paille remplissant ces conditions; les entrepreneurs ayant la faculté d'en faire venir en balles pressées, ne pourront invoquer, pour fournir de la paille de qualité inférieure, les accidents atmosphériques qui auraient plus ou moins altéré la récolte locale.

Si les bottes de paille de froment ne sont pas liées avec la même paille ou avec de la paille de seigle, il est fait déduction du poids des liens.

4° *Avoine.*

L'avoine doit être de bonne qualité, pesante, bien sèche et couler facilement entre les doigts; son écorce doit être mince, brillante et lustrée, sans rides; son amande, serrée, blanche et laissant, quand on l'écrase dans la bouche, une saveur agréable et farineuse; versée d'une certaine hauteur sur une surface dure, elle doit rendre un bruit sec (1).

L'avoine doit être exempte de mauvaise odeur, d'avarie ou d'altération quelconque; au moment de sa livraison ou de son entrée en magasin, elle doit être homogène, c'est-à-dire dans les conditions où elle a été récoltée en ce qui concerne l'essence, la provenance et l'année de récolte. Elle ne doit pas être mélangée de graines étrangères à sa production; en un mot, elle doit être propre de tous points à faire un excellent service. Elle est refusée lorsque, sans être avariée, elle conserve une odeur de grenier ou de bateau.

Les avoines à écorce dure et piquante, dont la provenance algérienne ou tunisienne ne serait pas suffisamment établie, sont exclues.

Sont admises, dans les distributions journalières et dans les approvisionnements, les avoines d'Algérie et de Tunisie, ainsi que les avoines récoltées en France avec des semences algériennes et tunisiennes, sous la condition que l'ensemble des unes et des autres ne dépasse pas la proportion du quart.

---

(1) L'avoine nouvelle ne pourra être mise en distribution que trois mois après la récolte.

Sont également admises dans les distributions et dans les approvisionnements les avoines blanches, dites de « Ligowo », de provenance française dûment justifiée, sous la réserve que leur emploi sera limité en toutes circonstances au cinquième des approvisionnements et de la ration. Ces avoines doivent être distribuées sans préparation, ni mélange avec une autre avoine d'espèce différente.

Les diverses denrées qui sont ainsi partiellement admises dans la ration, en remplacement de l'avoine indigène, pourront être distribuées simultanément, mais sans que leur total puisse dépasser le tiers de la ration.

Les avoines ergotées, si faible que soit la proportion d'ergot, sont exclues.

L'avoine d'approvisionnement doit remplir les conditions ci-après, au moment de sa mise en distribution :

L'avoine ne peut être mise en distribution que dégagée de pierres, de terre, de poussière, de graines non nutritives ou malfaisantes, et qu'après avoir été parfaitement nettoyée et criblée.

Parmi les graines récoltées avec l'avoine, on doit distinguer celles qui sont propres à l'alimentation et celles qui sont nuisibles ou seulement inertes.

Les premières sont le froment, l'orge, le seigle, l'épeautre, le maïs, le sarrasin, la vesce, les pois, les féveroles.

Les secondes sont les graines de sanve, de coquelicot, de jacée, de bluet, de nielle, de liseron, de trèfle.

Le directeur de l'intendance fixe la proportion de graines étrangères (1) que l'avoine peut contenir par tolérance et détermine le poids, mesuré à la trémie conique, qu'elle doit présenter après nettoyage.

L'avoine devant être livrée au poids naturel, il s'ensuit que l'entrepreneur ne peut suppléer à ce poids par une bonification.

5° Foin et paille pressés.

Le foin et la paille pressés doivent être de qualité au moins égale à celle qui est exigée pour le foin et la paille ordinaires.

Ces denrées doivent être de la dernière récolte, suffisamment ressuées au moment du pressage et réunir toutes les conditions pour procurer une bonne alimentation.

---

(1) La tolérance ne s'applique qu'à la présence de graines étrangères ; tout mélange artificiel est formellement interdit et expose l'entrepreneur à la résiliation de son marché.

Le foin et la paille sont comprimés en balles, dont le poids peut varier de 40 à 100 kilos; en Algérie, les balles doivent, autant que possible, être de 50 kilos environ. La densité peut varier entre un minimum de 140 kilos et un maximum de 300 kilos au mètre cube pour le foin et un minimum de 120 kilos et un maximum de 250 kilos pour la paille.

La luzerne peut également être pressée, mais à la densité maximum de 140 kilos au mètre cube. Le sainfoin ne doit jamais être pressé.

Les moyens de ligature, en fer feuillard ou en fil de fer, doivent être suffisamment solides pour résister pendant les transports et les transbordements. Les balles doivent pouvoir tomber d'une hauteur de trois mètres sans que les liens se brisent. La ligature ne comporte de planchettes de soutien qu'autant que, eu égard au mode de pressage, ces planchettes sont indispensables pour que les balles réunissent les conditions requises de solidité et n'éprouvent pas de trop forts déchets dans les transports.

Toute balle reconnue défectueuse au moment de son ouverture sera remplacée par l'entrepreneur, sous la réserve que le fait sera signalé au livrancier dans le courant de la période pour laquelle la distribution en aura été faite. Le poids des liens, et, s'il y a lieu, celui des planchettes de soutien, sont défalqués du poids des balles.

6° *Farine d'orge.*

La farine d'orge doit être fraîche, d'un blanc jaunâtre, grossièrement moulue, d'une odeur douce.
fourrages qui pourraient y être récoltés.

7° *Son amélioré.*

Le son amélioré doit provenir exclusivement de la mouture du froment d'essence tendre; il doit être frais, inodore, d'une saveur douce. Sa composition doit être la suivante :

Son (gros ou moyen) : 1/2; recoupettes : 1/4; remoulage : 1/4; il doit être livré en produits séparés, les parties prenantes restant chargées d'effectuer elles-mêmes le mélange.

Art. 54. — Il est défendu de faire paître aucun animal sur le terrain d'enfouissement affecté aux cadavres des animaux morts de maladies contagieuses ou de livrer à la consommation les

Nota. — Extrait de la loi du 21 juin 1898 sur le Code rural :

ANNEXE N° 2.

Tarifs des rations de fourrages.

	EN GARNISON.		EN GUERRE, RONDES, MANŒUVRES, CAMPS D'INSTRUCTION.	
	kil.	gr.	kil.	gr.
Tarif du 12 octobre 1887.				
Foin..	2	500	3	500
Paille..	3	500	»	»
Avoine...	5	»	5	500
Tarif du 4 août 1894.				
Foin..	3	»	3	»
Paille...	2	500	»	»
Avoine...	4	700	5	350

ANNEXE N° 3.

Substitutions.

Tableau des équivalences nutritives des diverses denrées.

1° *Orge en remplacement de l'avoine.*

Orge : 1/10 du poids en sus.

Lorsque l'orge est distribuée dans son état naturel en remplacement de l'avoine, la proportion dans laquelle elle peut, sans inconvénient, entrer dans la ration des chevaux de l'intérieur ne doit pas excéder le cinquième de la ration de grains.

2° *Avoine en remplacement d'orge (Algérie, Tunisie, Maroc).*

La substitution de l'avoine à l'orge peut être opérée pour tous les chevaux d'origine française stationnés dans l'Afrique du Nord, dans les proportions que jugeront convenables les chefs de corps, après avis motivé du vétérinaire chef de service.

Cette substitution est autorisée dans la proportion de moitié pour les chevaux de race barbe et les mulets stationnés dans l'Afrique du Nord.

3° *Fourrages artificiels en remplacement de foin.*

Luzerne (1re et 2e coupes)............. } poids pour poids.
Sainfoin (1re coupe)..................... }

4° *Pailles ou grains en remplacement du foin.*

Paille (froment, avoine, orge, seigle) : double du poids du foin.
Avoine ou grains : moitié du poids du foin.

5° *Paille d'avoine (Algérie, Tunisie, Maroc).*

La substitution de la paille d'avoine à la paille de froment est autorisée en Algérie, Tunisie et Maroc, dans la proportion de moitié de la ration.

6° Denrées diverses (réservées exclusivement aux chevaux malades et convalescents).

Son amélioré : moitié en sus de l'avoine.
Farine d'orge : 8/10 du poids de l'avoine.
Carottes : six fois le poids de l'avoine, trois fois le poids du foin, deux fois le poids de la paille.
La mise en consommation des carottes est limitée à 3 kilogrammes par cheval et par jour.
Paille (infirmerie vétérinaire) : 4 kilogrammes pour 1 kilogramme d'avoine.

7° Fourrages verts (réservés exclusivement aux jeunes chevaux et aux chevaux malades et convalescents).

La ration de vert. uniforme pour tous les chevaux soumis au régime, se compose de 45 kilogrammes de vert, 2 kgr. 800 de paille et 2 kgr. 500 d'avoine.
Les substitutions doivent être établies en tenant compte du tableau d'équivalence nutritive des diverses denrées et sous réserve que le montant en argent de la ration normale à laquelle a droit la partie prenante ne soit pas dépassé.
Si, par suite du prix de revient des denrées, la substitution a pour effet de créer une ration dont la valeur en argent est supérieure à celle de la ration normale, cette substitution ne peut être effectuée qu'avec l'autorisation du Ministre.

ANNEXE N° 4.

1° *Précautions à prendre dans les prélèvements d'échantillons.*

Toutes les fois où l'on aura à constituer des échantillons destinés à permettre, après leur examen, de former un jugement sur l'ensemble qu'ils représentent, on devra prendre toutes les précautions voulues pour que chaque échantillon ait bien la valeur moyenne de la partie ou de la totalité du lot à laquelle il se rapporte.

Si, outre le premier échantillon, il y a lieu d'en constituer d'autres soit pour des contre-expertises, soit comme témoins, etc.. on devra les prélever tous simultanément et prendre les précautions voulues pour que tous soient bien aussi identiques que possible les uns aux autres.

Par exemple, pour un lot d'avoine, il conviendra, pour effectuer le prélèvement, de toujours réunir une quantité de denrées suffisante, puisées, dans différents sacs pris au hasard pour pouvoir, après mélange, constituer et mettre en même temps sous scellés des échantillons bien identiques. (Les étiquettes prévues au paragraphe 6 ci-après porteront naturellement les trois mêmes chiffres ou lettres de référence pour les divers échantillons identiques.)

2° *Echantillons soumis au Ministre* (cas de recours, examens spéciaux à faire à la section technique, etc...).

Pour tout envoi d'échantillons au Ministre, on devra se conformer aux dispositions ci-après :

Chacun des échantillons sera mis séparément sous scellés et on le munira d'une étiquette particulière du modèle figurant au paragraphe 6 ci-après. Cette étiquette sera signée du sous-intendant (ou de son suppléant) et de l'entrepreneur (ou de son préposé).

Il sera en même temps établi, et spécialement pour chacun des échantillons, un bulletin particulier conforme au modèle donné au paragraphe 7 ci-après.

Les trois lettres ou chiffres de référence à inscrire sur l'étiquette et à reproduire sur le bulletin permettront de différencier d'une façon sûre les échantillons envoyés simultanément ou successivement d'une même place et de retrouver sans erreur possible les bulletins qui les concernent. L'établissement du bulletin précité dispensera de tout envoi à la section technique d'expéditions du procès-verbal de prélèvement des échantillons.

Le ou les bulletins seront placés dans un seul et même pli et adressés sans lettre d'envoi ni bordereau par la poste (sans qu'il y ait lieu à chargement) au sous-intendant militaire, chef de la section technique de l'intendance (8, boulevard des Invalides, à Paris, VIIe), le jour même où l'échantillon aura été confié au transporteur (1).

L'envoi des bulletins devra toujours donner lieu à une lettre séparée. même si les échantillons sont confiés à la poste, et en aucun cas, ce bulletin d'avis ne devra être placé dans le même paquet que l'échantillon; ce paquet n'est en effet destiné à être ouvert qu'en séance d'expertise.

Si un ou plusieurs scellés sont placés pour l'expédition dans un emballage, les cinq premières indications de la ou des étiquettes devront être reproduites à l'extérieur du paquet.

Ce paquet sera expédié à l'adresse plus haut indiquée, soit par la poste, comme échantillon recommandé, soit par colis postal, soit par grande vitesse, suivant le cas. Il devra parvenir franco et à domicile (en suspension d'ailleurs des droits d'octroi pour les denrées qui y sont soumises).

3° Echantillons soumis aux commissions d'appel.

Dans tous les cas où il y a lieu à prélèvement d'échantillons par suite d'appel, on se conformera d'une manière générale aux dispositions susindiquées.

---

(1) Lorsque le prélèvement aura été effectué par un suppléant, celui-ci préparera le ou les bulletins et les signera, mais il les adressera au sous-intendant militaire dont il relève, lequel en assurera d'urgence la transmission après les avoir visés et dûment complétés par les renseignements qui n'avaient pas lieu d'être pris sur place.

Il sera toujours constitué, simultanément, au moins deux échantillons : l'un sera mis à la disposition de la commission d'appel; l'autre pourra, en cas de recours au Ministre, servir à l'emploi prévu au paragraphe 2 ci-dessus.

Les échantillons identiques recevront des étiquettes identiques du modèle prévu au paragraphe 6 ci-après.

4° Procès-verbaux des prélèvements.

D'une manière générale, les prélèvements d'échantillons auront toujours lieu en présence de l'entrepreneur ou de son préposé (ou eux dûment appelés) et dans les cas litigieux, il devra toujours être dressé procès-verbal de l'opération par l'autorité qui y aura procédé.

Le procès-verbal explicitera les précautions prises en application du paragraphe 1, pour constituer les échantillons de telle manière qu'aucune contestation ne puisse ultérieurement s'élever au sujet de leur valeur. Ce document mentionnera en outre, quand il y aura lieu, les dispositions prises pour mettre le lot total de denrées sous scellés; il indiquera l'importance du lot et donnera les diverses indications utiles, notamment l'ancienneté et la provenance d'origine. Il rappellera enfin les indications portées sur l'étiquette prévue au paragraphe 6. Une expédition du procès-verbal sera mise à la disposition de la commission d'appel.

En cas de recours au Ministre, une expédition du procès-verbal de prélèvement sera jointe au dossier.

5° Frais divers relatifs aux prélèvements d'échantillons.

L'entrepreneur sera tenu à fournir gratuitement les emballages que comporteront les prélèvements.

Les frais d'envoi des échantillons seront avancés par l'entrepreneur. Si la denrée est reconnue bonne, il sera remboursé desdits frais.

On lui tiendra alors également compte de la valeur des échantillons prélevés (s'ils l'ont été sur des lots lui appartenant). Toutefois, pour les échantillons de minime importance (4 kilos pour les fourrages, foin, paille, etc., et 3 kilos pour les grains, avoine, orge, etc.), il n'aura droit à aucune indemnité.

6° Modèle de l'étiquette à mettre sur les échantillons.

Chaque échantillon recevra une étiquette du modèle ci-après. Cette étiquette, si elle reste en dehors des emballages, devra être établie sur parchemin ou sur carton.

On pourra cependant s'abstenir de l'usage de l'étiquette et porter les indications ci-après prévues sur l'emballage lui-même. dans le cas où elles peuvent y être nettement inscrites et y rester très lisibles.

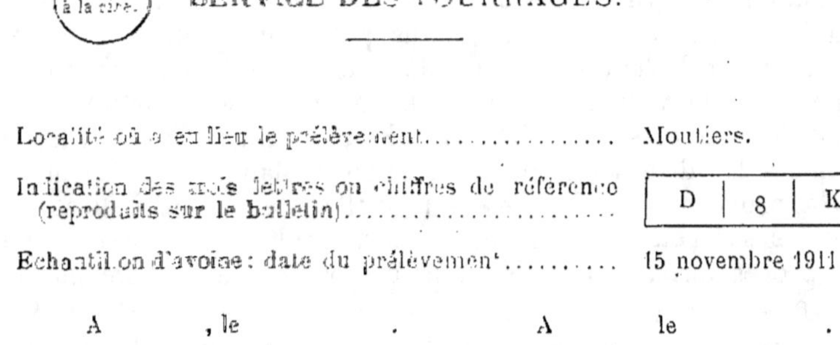

------

(1) L'entrepreneur *ou* son représentant.
(2) Sous-intendant militaire *ou* suppléant du sous-intendant.

7° *Modèle du bulletin d'avis de prélèvement et d'envoi d'échantillons.*

11° CORPS D'ARMÉE

Place où a été pré- } Moutiers.
levé l'échantillon..

Sous-intendance dont
relève la place ci- } Chambéry, 1re
dessus. ....

Numéro au registre } 372.
de correspondance.

SERVICE DES FOURRAGES.

BULLETIN de prélèvement et avis d'envoi d'un échantillon d'avoine.

Reproduction des trois lettres ou chiffres de référence portés sur l'étiquette.....................		D	8	K

Reproduction des trois lettres ou chiffres de référence portés sur l'étiquette.....................

D	8	K

Date de prélèvement............................. 15 novembre 1911.

Mode d'envoi.................................... { Colis postal à domicile.

Description d'un colis envoyé.................... { Un sachet en toile plombé.

Poids de l'échantillon contenu.................... 3 kilogr.

Nom de l'entrepreneur ou du fournisseur (ou porter la mention : gestion directe)..................... } M. Un tel

Importance du lot sur lequel a été prélevé l'échantillon.. } 40 quintaux.

Numéro d'ordre du lot dans le magasin (s'il y a lieu) 3

Date d'entrée du lot en magasin.................. Novembre 1911.

Causes du prélèvement. S'il y a eu refus, en indiquer sommairement les motifs et mentionner enfin s'il y a eu décision d'une commission d'appel. } Défaut de siccité. Lot accepté par la commission d'appel.

Date des cahiers des charges applicables pour l'affaire (outre le cahier des C. C. G. du 16 février 1903) (1)... } C C., 14 avril 1909 ; C. S., 25 août 1911.

A , le 19 .

(Signature.)

---

(1) Nota. — Si l'on ne joint pas au présent bulletin un exemplaire des divers cahiers des charges visés ci-dessus. on devra copier sur le verso du bulletin (ou y annexer) les extraits conformes. nécessaires pour l'examen de l'affaire, de ceux desdits cahiers des charges non publiés avec le *Bulletin officiel*, ou bien l'on mentionnera (avec la date) l'affaire précédente à propos de laquelle ces exemplaires ou ces extraits auraient déjà été adressés.

TABLE DES MATIÈRES

ANNEXES

ANNEXE N° 1.

Nature et qualité des denrées à fournir.

ANNEXE N° 2.

Tarifs des rations de fourrages.

ANNEXE N° 3.

Substitutions.
Tableau des équivalences nutritives des diverses denrées.

ANNEXE N° 4.

Prélèvement et envoi des échantillons.

Paris et Limoges. — Imprimerie militaire CHARLES-LAVAUZELLE & Cⁱᵉ.

www.ingramcontent.com/pod-product-compliance
Lightning Source LLC
LaVergne TN
LVHW020459060726
842525LV00005B/1810